clubvlag

vriendenboekje

slingers

portemonnee

AVI: 6*

Leesmoeilijkheid: Woorden 's

Thema: Vriendenclubs

* Zonder de leesmoeilijkheid is het AVI-niveau: AVI 5

Zwijsen

Stef van Dijk
De club

met tekeningen van Yolanda Eveleens

Bikkels

1. De club van drie

Bram, Engel en Joost zitten om het vuur.
Bram port er met een tak in.
De vlammen laaien weer op.
Het vuur is door Bram gemaakt.
Dat kan hij erg goed.
Eerst papier en dan wat takjes erop.
Het hout is nu bijna op.
Joost neemt het laatste handje pinda's.
'Ik heb nog steeds trek,' zegt hij.
'Is er nog geld?'
Hij gooit het zakje van de pinda's in de vlammen.
Engel haalt een portemonnee uit zijn zak.
Een paar keer per week halen ze oude kranten op.
Die brengen ze dan weg.
Zo verdienen ze wat geld om iets te kopen.
Engel telt het geld.
'Niet veel meer,' zegt hij.
Bram, Engel en Joost zijn buurjongens van elkaar.
Ze zitten alledrie op een andere school.
Hun club heet: 'De club van drie'.
Dat is logisch, want ze zijn met z'n drieën.
Na schooltijd ontmoeten ze elkaar op 'het landje'.
Dat stukje grond ligt tussen hun scholen in.
Ze stoken er fikkie of spelen er rovertje.
Soms maken ze fakkels van oude kranten.

Daarmee rennen ze hard over de dijk.
Het lijkt dan net of ze echte rovers zijn.
Bram heeft een keer een vlag gemaakt.
Het is een rode lap met hun namen erop.
Die hebben ze met zwarte verf geschilderd.
Het is een echte clubvlag.
In het water naast de dijk liggen kano's.
Van wie die zijn, weten ze niet.
Zo af en toe maken ze er stiekem een tochtje mee.
Dan zijn ze zeerovers.
Er is dus altijd wat te doen op het landje.

Engel kijkt op z'n horloge.
'Het is te laat om nog kranten op te halen.'
'Hoe laat is het dan?' vraagt Bram.
Hij moet op tijd thuis zijn.
'Kwart voor zes.'
'O, dan moet ik echt naar huis.'
'Ja, ik eigenlijk ook,' zegt Joost.
'Blijf jij nog?' vraagt hij aan Engel.
Die schudt zijn hoofd.
'Oké, dan gaan we samen.'
Bram staat op.
Hij schopt zand over het vuur heen.
Zo dooft het vanzelf.
Samen lopen ze naar huis.
Ze wonen immers naast elkaar.

'We moeten meer geld verdienen,' zegt Engel.

Joost wrijft over zijn buik.

'Ja, dan kunnen we pizza's kopen.'

'Jij denkt ook alleen maar aan eten.'

Engel stopt de portemonnee terug in zijn zak.

'Eten is belangrijk,' vindt Joost.

Bram moet erom lachen.

Engel niet.

'Pizza's, pinda's, patat, loempia's, tosti's,' roept hij uit.

'Weet je echt niets beters?

We kunnen het geld ook aan iets anders uitgeven.'

Engel is het niet eens met Joost.

Dat gebeurt wel vaker.

'O ja?' wil Joost weten.

'Aan wat dan?'

Engel denkt even na.

'Nou, bijvoorbeeld naar een film gaan.'

Daar heeft Bram ook wel zin in.

'Dat lijkt me leuk,' zegt hij.

'Ja, mij ook,' bekent Joost.

'Maar eerst moeten we aan geld komen.'

'Morgen maar weer kranten ophalen?

Misschien kunnen we langs wat firma's gaan.

Die hebben vast massa's oud papier.'

Ze zuchten alledrie.

Er zit niets anders op.

2. De nieuwe

De volgende middag komt Joost niet alleen naar het
landje.
Hij heeft iemand meegenomen.
'Hoi,' zegt hij tegen Bram en Engel.
'Dit is Willy.'
'Hoi,' zegt Engel terug.
Bram steekt alleen z'n hand op.
Hij kijkt Willy nadenkend aan.
'Wat komt hij doen?' wil hij weten.
'Hij is een vriend van school,' zegt Joost.
'M'n allerbeste vriend.'
'Ja, maar dit is een club voor ons drieën.'
Engel knikt, hij is het met Bram eens.
Joost neemt Engel en Bram apart.
'Wacht even, Willy,' zegt hij over zijn schouder.
Bram en Engel snappen er niets van
'Met Willy zijn we met z'n vieren.
Dat kan niet,' zegt Bram boos.
'Wij zijn de club van drie.'
'Nee, dat is onmogelijk,' zegt Engel.
'Anders wil ik ook een vriend meenemen.'
'Wacht nou even.
Willy's vader heeft een pony,' legt Joost uit.
'Nou, en?
Wat moeten we met pony's?'

'Eén pony.'

'Wat?'

'Het is er maar één.'

'Oké, wat moeten we met één pony?'

Trots kijkt Joost z'n vrienden aan.

'Massa's geld verdienen,' zegt hij.

Engel en Bram kijken hem verwonderd aan.

'Hoe dan?' vraagt Bram.

Joost kijkt even naar Willy.

Die staat bij de radio's van Bram en Engel.

Toevallig hadden ze er elk één meegenomen.

Allebei hadden ze het idee om muziek te luisteren.

'We kunnen kinderen op hem laten rijden.

Als die daarvoor betalen, verdienen we geld.'

Joost is heel tevreden met z'n plan.

Bram niet.

'Is Willy echt een vriend van je?'

Hij gelooft Joost niet helemaal.

'Wat maakt dat nou uit.

Willy's vader heeft een pony.

Dat is pas echt belangrijk.'

'Nee, Joost.

Belangrijker is dat we vrienden zijn.

Een club moet uit échte vrienden bestaan.

Of vind jij van niet?'

'Eh ja, natuurlijk.

Dat vind ik ook.'

Engel heeft ondertussen nagedacht.

'Als jij een vriend meeneemt, dan doe ik dat ook.'

Joost weet niet wat hij daarop moet zeggen.

Bram en Engel hebben gelijk.

Toch is Willy ook wel een vriend.

'Kunnen we niet nog een club oprichten?' stelt Joost voor.

Hij kijkt Bram en Engel onzeker aan.

'Een andere?' vraagt Bram.

'Ja, eentje waar meer jongens lid van kunnen worden.'

Engel en Bram kijken elkaar aan.

Het is een oplossing.

'Maar hoe moet het met onze oude club?'

'Die blijft gewoon bestaan.

We worden gewoon als club lid van de nieuwe club.'

Dan ziet Bram geen probleem meer.

Engel ook niet.

'Oké,' zegt Bram en Engel knikt mee.

Ze lopen terug naar Willy.

Die heeft één van de radio's aangezet.

Zachtjes klinkt de muziek over het landje.

'Hé Wil, je mag lid worden van de club.'

Willy lacht voor het eerst.

Verschrikt kijken Bram en Engel hem aan.

Willy klinkt als een paard als hij lacht.

Joost schaamt zich een beetje.

'Hoe moet de nieuwe club heten?'
Hij vraagt het om Engel en Bram af te leiden.
Bram haalt z'n schouders op.
'Dat is nogal simpel,' vindt Engel.
'De jongensclub.'
Bram en Joost denken er even over na.
Willy is ondertussen klaar met hinniken.

'Ik vind het een goede naam,' zegt hij.
Bram wil meteen wat zeggen.
Waar bemoeit die Willy zich mee?
Dan bedenkt hij dat het nu ook Willy's club is.
Toch heeft Bram nog iets te zeggen.
'Iedereen mag z'n beste vriend meenemen.'
Daar zijn de anderen het mee eens.
Ze lopen naar het water toe.
Willy mag varen in een van de kano's.
Zo hoort hij er helemaal bij.
Ze maken veel pret.
Willy's lach klinkt af en toe over het water.
Daar heeft Bram het wel moeilijk mee.

3. De jongensclub

In gedachten verzonken loopt Bram naar huis.
Engel en Joost slenteren voor hem uit.
Ze hebben het over auto's.
Bram hoort er niets van.
Hij denkt aan heel iets anders.
Hij mag een beste vriend meenemen naar de club.
Wie zal hij kiezen?
Joost en Engel zijn z'n beste vrienden.
Die zitten al bij de club.
Wie is op school dan zijn beste vriend?
Hij weet het niet.
Hij speelt met veel kinderen.
Maar wie is daarvan zijn béste vriend?
Hij moet wel een beste vriend bedenken.
Het was tenslotte zijn idee dat iedereen iemand mee mag
nemen.
Ineens weet Bram het.
Het is geen vriend, maar een vriendin.
Natuurlijk, het is Linda.
Linda is zijn beste maatje.
Ja, hij gaat Linda vragen voor de club.
Fluitend haalt hij Engel en Joost in.
Dan rent hij vooruit.
'Wie het eerst thuis is,' roept hij achterom.
Joost en Engel stormen achter hem aan.

'Linda, wil je.'
Bram aarzelt.
Hoe moet hij het vragen?
Linda kijkt hem nieuwsgierig aan.
Een paar andere kinderen luisteren mee.
'Hij gaat Linda vragen,' zegt iemand.
Bram voelt hoe z'n hoofd warm wordt.
Hij schaamt zich rot.
Zijn hoofd is vast heel rood.
Snel bedenkt hij iets.
'Linda, wacht je na school even op me?'
Teleurgesteld zuchten een paar kinderen.
Wat flauw, Bram durft het niet.
Maar Linda zegt: 'Natuurlijk.'
Ze vindt Bram namelijk heel aardig.

Linda en Bram lopen stevig door.
Ze zijn al laat.
Bram heeft Linda verteld over de club.
Hij heeft uitgelegd waarom hij haar heeft gevraagd.
Linda vindt het aardig van hem.
Ze kan goed met Bram opschieten.
Alleen kent ze niemand anders van de club
Ze heeft al eens foto's gezien van Joost en Engel.
Maar kennen doet ze hen niet echt.
Gelukkig is Bram erbij.

'Hoi,' zegt Bram als ze op het landje zijn.

'Hoi,' zeggen Engel en Joost terug.

Willy is er ook al.

Hij zit bij het vuur.

Als hij maar niet gaat lachen, denkt Bram.

Gelukkig steekt Willy alleen zijn hand op.

Er is nog een jongen.

Bram kent hem niet.

Iedereen kijkt elkaar maar een beetje aan.

Wel vreemd, een club van onbekenden.

Joost stelt zichzelf voor.

Daarna zegt hij welke vriend bij hem hoort.

'Dit is Willy.'

Engel doet hetzelfde.

Hij heeft Otto meegenomen.

Dan is Bram aan de beurt.

'Hoi, ik ben Bram.

En dit is Linda.'

Er valt een pijnlijke stilte.

Alle jongens kijken haar aan.

'Eh, Bram,' begint Joost.

'Het is een meisje,' zegt Engel.

'Ja, natuurlijk is Linda een meisje.'

Bram is behoorlijk boos.

'Is daar iets mis mee?'

'Nou,' begint Joost weer.

En weer maakt Engel zijn zin af:

'Dit is een jongensclub.'

Oh, dat is waar ook.

Dat was Bram even vergeten.

Hij heeft het ook niet aan Linda verteld.

Ze is kwaad.

'Sorry Linda,' zegt hij.

'Maar,' zegt hij tegen Engel en Joost.

'Ik heb wel m'n béste vriend meegenomen.

Daar ging het toch om?'

Dat is ook weer waar.

'Meisjes zijn geen vrienden,' zegt Willy.

Die heeft ineens praatjes gekregen.

'Nee, dat zijn vriendinnen,' zegt Otto.

Wat een wijsneus.

'Vriend of vriendin …Wat maakt het uit!' roept Bram uit.

'Als Linda geen lid mag worden, dan wil ik ook niet.'

Hij is woedend.

Linda kijkt hem bewonderend aan.

Joost en Engel willen Bram graag bij de club houden.

'We gaan overleggen,' zegt Joost.

'We bespreken wat we moeten doen,' legt Engel uit.

4. Linda's test

De jongens lopen weg van Bram en Linda.
Ze gaan even verderop staan.
Af en toe kijkt er iemand op.
Er wordt gefluisterd en gewezen.
Bram voelt zich in de steek gelaten.
'Wat zouden ze zeggen?' vraagt Linda.
Bram haalt z'n schouders op.
Hij doet net alsof het hem niets interesseert.
Toch zou hij ook graag willen weten wat ze zeggen.
Hij is reuze nieuwsgierig.
Het wachten duurt lang.
Dan is het overleg eindelijk afgelopen.
De jongens komen op Bram en Linda af.
Joost stapt naar voren.
Hij schraapt z'n keel.
'We hebben besloten,' zegt hij gewichtig.
Even laat hij een stilte vallen.
'Linda kan lid van de club worden.'
'Oké,' juicht Bram.
'Ho effe,' zegt Joost.
'Ik was nog niet uitgesproken.
Ze moet dan wel eerst een test afleggen.'
'Een test?'
Verbaasd kijkt Linda Bram aan.
'Waarom moet ik zo'n test afleggen?

Hebben zij een test afgelegd?'

Ze wijst op de andere jongens.

'Eh, nee,' zegt Joost.

'Maar zij zijn jongens,' legt Engel uit.

'Jij niet.'

Linda's mond valt open.

'Nou en?'

Ze vindt het maar niets.

'Dit is een jongensclub.'

Engel en Joost zijn duidelijk.

Er is geen plaats voor Linda.

Dat zit Bram niet lekker.

Linda is z'n vriendin.

'Wat voor test moet ze doen?' vraagt Bram.

Linda kijkt hem kwaad aan.

Vindt Bram ook dat ze een proef moet afleggen?

Is Bram nu ook al tegen haar?

Maar Bram geeft haar een knipoog.

Dat is hun geheime teken.

Bram heeft een plan.

'Dat moet ze zelf weten,' antwoordt Joost.

'Ze moet laten zien dat ze stoer is.'

'Ja, dat ze echt iets durft,' vult Engel aan.

Linda snuift boos maar houdt haar mond.

'Oké,' zegt Bram.

'Ze doet het.'

Nú wil Linda wel wat tegen de jongens zeggen.

Bram geeft haar weer een knipoog.

Ze slikt haar woorden in.

Bram praat voor haar verder.

'Morgen is ze hier weer.

Dan zal ze jullie wat laten zien.'

'Oh, ja?' fluistert Linda onzeker.

Ze heeft geen idee wat Bram van plan is.

'Ja,' zegt Bram beslist.

'Kom Linda, we gaan.'

Bram loopt weg.

Linda volgt hem.

Ze is een beetje uit haar doen.

Zwijgend lopen ze het landje af.

Een hele tijd wordt er niets gezegd.

Dan zijn ze vlak bij Linda's huis.

Bram moet naar links en Linda naar rechts.

'Wat ben je van plan?' vraagt Linda.

Haar stem klinkt schor.

Ze heeft ook zo lang niets gezegd.

'Dat leg ik je morgen wel uit,' zegt Bram.

'Maar ík doe die test voor je.

Ik vind zo'n test ook onzin.

Net als jij.'

Linda blijft staan.

Ook Bram stopt.

Hij kijkt haar recht in haar ogen.

'Ik doe de test voor jou,' zegt hij.

'Omdat ik je bij de club wil.'

Linda's gezicht kleurt rood.

Ze bloost.

Bram slaat z'n ogen neer.

Ze weten niet wat ze nu moeten zeggen.

'Dan ga ik maar,' probeert Linda.

'Ja,' zegt Bram terug.

Linda loopt haar straat in.

'Wacht maar af,' roept hij haar achterna.

'Morgen zul je het wel zien.'

Linda weet niet of ze er blij mee is.

Wil ze eigenlijk wel bij de club?

Bram wil het erg graag.

Ze rent terug naar Bram.

'Je mag het doen,' zegt ze hijgend.

Bram kijkt haar niet-begrijpend aan.

'Je mag me helpen, omdat je m'n vriend bent.

Iemand anders had ik het nooit laten doen.

Het is nu net alsof ik het niet zelf kan.'

'Dat is onzin,' zegt Bram.

'Ik weet dat je dat best kunt.

Maar ik moet het doen.

Ik heb je meegenomen naar de club.

Door mij deden ze zo naar tegen je.'

Daar is Linda tevreden mee.

Het plan

's Avonds in bed denkt Bram na.
Daar is het rustig.
Wat moet hij doen als test?
Hij heeft echt geen idee.
Hij staart naar het plafond.
Het plafond staart terug.
Hij moet iets stoers doen.
Maar wat?
Iets stoers is iets gevaarlijks.
Iets wat bijna niemand durft.
Maar wat is dat?
Waarvoor is hij zelf bang?
Wat vindt hij eng?
Hij moet lang nadenken.
Zwemmen in diep water vindt hij naar.
Hij is bang voor de hond van de buren.
Die is vals en hapt naar je benen.
Het zou stoer zijn als …
Nee, dat kan niet.
Het moet iets zijn wat Linda kan doen.
Het moet lijken alsof zij het heeft gedaan.
Wat dan wel?
Wat zou stoer zijn als Linda het deed?
Bram denkt diep na.
Het is zo moeilijk.

Hij denkt aan school.
Misschien iets in de klas?
Is daar niets dat link is om te doen?
Hij kan de klas onder water zetten.
Of de cavia's verstoppen.
Dat lukt Linda ook wel.
Maar hoe laat hij het aan de jongens zien?
De club moet een bewijs hebben.
Bram wordt moe.
Hij denkt niet zo helder meer.
Hij valt bijna in slaap.
Maar ineens schrikt hij helemaal wakker.
Hij heeft het!
Het vriendenboekje van Rinus.
Rinus is de etter van de klas.
Iedereen is bang voor hem.
Hij gaat Rinus' boekje stiekem pakken.
Rinus vindt dat boekje heel belangrijk.
Daar schept hij altijd over op.
Als dat weg is, zal hij woest zijn.
Ja, dat is heel stoer om te doen.
En, Linda kan het ook gedaan hebben.
Dat is belangrijk.
Tevreden valt Bram in slaap.

's Ochtends op school is alles zoals anders.
Het gaat precies zoals Bram wil.

Rinus is te druk met zichzelf.
Hij schept op en doet stoer.
Zijn spierballen zwellen af en toe op.
Dat doet hij voor de meiden.
Wat een uitslover, denkt Bram.
Hij is wel een beetje jaloers op die spieren.
Die zou hij ook best willen hebben.
Terwijl Rinus staat op te scheppen, slaat Bram toe.
Hij pikt het boekje uit Rinus' tas.
Dan stopt hij het in z'n eigen tas.
Niemand heeft gezien wat hij gedaan heeft.
En nu?
Hij neemt z'n tas mee naar de wc.
Daar bladert hij door het boekje.
De pagina's schieten door zijn handen.
Bijna iedereen heeft er wat in geschreven.
Hij zelf nog niet.
Nou, daar zal verandering in komen.
Bram schrijft er nu iets in.
Iets wat niet zo vriendelijk is.
Iets wat niet in een vriendenboekje thuishoort.
Als Rinus dat ziet, wordt hij gek.
Bram heeft er nu al plezier om.
Als hij terug is in de klas, gaat de bel.

6. Lid van de club

Linda en Bram zijn bijna bij het veldje.
's Middags zijn ze meteen vanuit school gegaan.
Het begint zachtjes te regenen.
'Maar wat heb je nou gedaan?' wil Linda weten.
Ze trekt zich niets aan van de regen.
Bram ook niet.
Hij gniffelt en maakt z'n tas open.
Geheimzinnig geeft hij Linda het boekje van Rinus.
'Laat dit maar aan hen zien,' zegt hij.
'Dan kunnen ze je niet meer weigeren.'
Bram is trots op wat hij heeft gedaan.
Linda snapt er niets van.
Nieuwsgierig kijkt ze naar het boekje.
Een vriendenboekje.
Van wie is het?
Ze wil het net openslaan als Joost hen ziet.
'Hoi,' roept hij naar hen.
Bram steekt z'n hand op.
'Stop het boekje weg,' fluistert hij.
'Ze mogen het nog niet zien.
Dan is de verrassing het grootst.'
Snel stopt Linda het in haar tas.
Zo normaal mogelijk lopen ze naar de jongens.
Iedereen staat al te wachten.
Otto en Willy hebben een paraplu bij zich tegen de

motregen.

Afwachtende blikken staren hen aan.

Ze willen allemaal weten wat Linda voor test bedacht heeft.

Bram kijkt de club uitdagend aan.

'Oké, laat het maar zien,' zegt hij.

Linda pakt het boekje uit haar tas.

Ze heeft geen idee wat Bram heeft gedaan.

Op de eerste pagina slaat ze het open.

'Het is het vriendenboekje van Rinus.'

Ze is verbaasd en geschrokken tegelijkertijd.

Wat heeft Bram gedaan?

Bram fluistert: 'Kijk op de laatste bladzijde.'

Hij is haast niet te verstaan.

Linda bladert door het boekje heen.

De pagina's vliegen aan haar ogen voorbij.

Ze ziet foto's van haar klasgenoten.

Ook die van haarzelf.

Maar wat zoekt ze eigenlijk?

Wat moet ze zien?

Linda heeft geen idee.

Ondertussen stopt het met regenen.

De paraplu's worden ingeklapt.

Ongeduldig wachten de jongens op Linda.

Wat heeft ze nu als test gedaan?

Ze zijn erg nieuwsgierig.

Dan komt Linda bij de bladzijde die Bram bedoelt.

Linda leest wat er staat.

Bram lacht triomfantelijk naar de rest van de club.

Linda's ogen worden zo groot als schoteltjes.

Kwaad kijkt ze naar Bram.

'Heb jij dit geschreven?'

Even is Bram van z'n stuk gebracht.

'Nee, jij toch,' zegt hij stuntelig.

Hij geeft Linda een serie knipogen.

'Dat heb jíj toch geschreven?

Je hebt het me zelf laten lezen.'

Snapt Linda hem nou niet?

Linda speelt niet met Bram mee.

'Wat een misselijk mannetje ben jij.'

Ze is woedend.
'Dat had ik nooit van jou gedacht.'
Ze gooit het boekje naar Bram toe.
Onhandig vangt hij het op.
Linda loopt met kwade stappen weg.
Schaapachtig kijkt Bram haar na.
'Ik weet echt niet wat er is,' zegt hij.
'Meisjes hebben altijd iets bijzonders.'
Lachend haalt hij zijn schouders op.
'Linda, wacht,' roept hij haar dan achterna.
Maar Linda wacht niet.
Ze stapt driftig door.
Bram twijfelt.
Wat moet hij doen?

Linda achterna gaan of het boekje laten zien?

Eerst het boekje maar.

Naar Linda kan hij straks ook nog wel.

Hij gaat voor de jongens staan.

'Kijk eens,' roept hij.

Tevreden houdt hij het boekje omhoog.

Iedereen kan het zo zien.

Hij is nog steeds trots op zijn actie.

Zoiets doe je ook niet iedere dag.

'Het is Rinus' vriendenboekje.'

Iedereen in de buurt kent Rinus.

Hij is namelijk de buurtetter.

De jongens staren naar de pagina's.

Met grote letters staat er iets geschreven.

Toch is het te klein om zo te kunnen lezen.

Bram leest het dan maar voor:

'JE BENT EEN MISSELIJK VENTJE,' schreeuwt hij.

Dat voelt goed.

'AFZENDER: AL JE VRIENDEN.'

De jongens lachen en juichen.

'Wat een goeie,' schreeuwt Willy.

'Dat moet je maar durven,' roept een ander.

'Ja, vooral bij Rinus.'

Bram lacht met hen mee.

Samen met de jongens maakt hij een vreugdedans.

'En?' vraagt Bram dan aan Joost.

'En wat?'

'Nou, is Linda geslaagd voor de test?
Mag ze lid worden van de club?'
'Ja, natuurlijk.
Wat denk jij dan!'
M'n plan is gelukt, denkt Bram.
'Maar waar is Linda eigenlijk naartoe?'
Zoekend kijkt Engel om zich heen.
Linda is nergens te zien.
'Ik denk dat ze verlegen is,' zegt Bram.
'Ik zal haar gaan zoeken.'
Hij loopt weg in de richting van Linda's huis.

7. Linda is boos

Bram belt aan bij Linda's huis.
Hij is haar onderweg niet tegengekomen.
Waarschijnlijk is ze al thuis.
Linda doet zelf de deur open.
'Waar was je nou?
Je bent geslaagd voor de test.
Je mag lid worden.'
'Als je maar niet denkt dat ik trots ben.
Ik vind het een rotstreek.'
Linda is vreselijk boos.
'Maar ik heb het voor jou gedaan.'
'Ja, dat maakt het nog erger.
Ik zou zoiets nooit doen.
Het is vals.'
Bram is verrast.
Hij had gedacht dat Linda blij zou zijn.
'Het is Rinus maar,' zegt hij.
Hij snapt echt niets van Linda.
Alsof Rinus nooit dit soort dingen doet.
Nu wordt hij zelf eens gepakt.
Net goed, toch?
'Je bent net zo erg als hij,' zegt Linda.
'Ik dacht dat jij zoiets niet zou doen.
Eigenlijk ben je net zo'n etter.'
Bram weet niet wat hij hoort.

Zegt Linda dat?

Tegen hem?

Hij kijkt haar aan.

Het lijkt alsof ze het meent.

'Ik, eh.

Ik dacht dat het wel kon.'

Het komt heel voorzichtig uit zijn mond.

'Zo, dacht jij dat.'

Linda is echt vreselijk kwaad.

Zo heeft Bram haar nog nooit gezien.

Hij heeft spijt van wat hij heeft gedaan.

Linda doet de deur bijna dicht.

Ze houdt hem op een kier open.

'Wacht,' roept hij wanhopig.

'Wat?' snauwt ze.

'Linda, ik snap dat ik iets stoms heb gedaan.

Hoe kan ik het goedmaken?'

Bram kijkt haar bijna smekend aan.

'Ik wilde je niet kwaad maken.'

Hij slaat z'n ogen neer.

'Echt, ik heb het alleen voor jou gedaan.'

Linda kijkt hem nadenkend aan.

'Als je het echt goed wilt maken.'

Bram knikt heftig.

'Dan moet je het boekje teruggeven aan Rinus.'

'Wat?' roept hij uit.

'Aan Rinus zelf?'

'Ja,' zegt Linda beslist.

'Aan hem zelf.

En je moet erbij vertellen wat je hebt gedaan.'

Bram gelooft z'n oren niet.

'Hij maakt me af.'

Linda glimlacht even gemeen.

'Anders kijk ik je nooit meer aan.'

'Maar,' begint Bram.

Linda doet de deur dicht.

Daar staat Bram dan.

Alleen voor Linda's huis.

8. Brams test

's Nachts kan Bram bijna niet slapen.
Hij ligt te woelen en te piekeren.
Linda moet weer normaal tegen hem doen.
Hij wil dat ze bij de club komt.
Dat heeft hij zelf in de hand.
Als hij doet wat zij wil tenminste.

's Ochtends stapt hij op Rinus af.
Die kijkt hem hoofdschuddend aan.
'Wat mot je sukkel?' vraagt hij
'Ha, die Rinus,' begint Bram opgewekt.
'Fijn dat je in een goed humeur bent.
Ik wil je namelijk iets vertellen.'
Even later heeft Bram een blauw oog.
Vernederd gaat hij naar zijn plaats.
Sommige kinderen lachen hem uit.
Zijn oog doet pijn.
Toch voelt hij zich ook een stuk beter.
Hij heeft gedaan wat Linda hem vroeg.
Dat voelt goed.
Hij kijkt naar Linda.
Ze lacht naar hem.
Linda's lach doet hem goed.

Linda en Bram lopen na school samen naar het landje.

Hand in hand.
Bram heeft twee lolly's gekocht, om het goed te maken.
Toen heeft Linda hem een kus gegeven.
'Ik vond het dapper van je,' zegt ze.
'Je bent zomaar naar Rinus toegegaan.
Dat was pas écht stoer.
Dat was pas een échte test.
Wie zou dat verder nog hebben gedurfd?'
Bram lacht, al doet z'n gezicht pijn.
De klap van Rinus was nog maar het begin.
Nu moet hij alles aan de club vertellen.
Linda wil wel veel van hem.
'Moet ik het echt vertellen?'
'Bram.'

Linda kijkt hem streng aan.
'Oh, oké.'
Bram haalt zijn schouders op.
'Dan moet het maar.'

Het vuur brandt al als ze aankomen.
De jongens staan eromheen.
En er staat een pony.
Willy houdt hem vast.
De jongens kijken naar Bram en Linda.
De pony niet, die eet van het gras.
Linda en Bram gaan ook bij het vuur staan.
Ver bij Willy's pony vandaan.

'Is die écht van jou?' vraagt Bram aan Willy.

'Van m'n vader,' zegt Willy.

Bram spuugt in het vuur.

Het sist een beetje.

'Hè bah, Bram,' zegt Linda.

'Sorry.'

Hij durft bijna niets meer te doen.

Voor je het weet, doet hij weer iets verkeerd.

Joost bekijkt Bram nieuwsgierig.

'Zo hé, hoe kom je aan dat blauwe oog?'

Bram lacht met een gekke bek.

Dat komt door de pijn.

'Dat zal ik zo vertellen.'

Bram wijst met z'n hoofd naar de pony.

'Wanneer gaan we op dat paard rijden?'

'Pony's en paarden zijn niet hetzelfde!'

Willy wordt zowaar kwaad.

'Sorry, pony,' zegt Bram snel.

Joost zegt: 'Met de pony gaan we geld verdienen.

Voor een paar euro's mogen mensen erop rijden.

Misschien dat we programma's kunnen ophangen.

Ouders moeten met hun kinderen komen.

Opa's en oma's met hun kleinkinderen.'

Dan geeft Linda Bram een duw.

'Zeg het nou,' sist ze ongeduldig.

Bram slaakt een zucht.

'Ik heb trouwens eerst iets belangrijks te zeggen.'

9. Bram is een schoft

Joost en Engel kijken Bram nieuwsgierig aan.
Bram voelt zich heel klein worden.
Het liefst was hij nu ergens anders.
Maar ja, hij is nu eenmaal hier.
Otto en Willy kijken hem ook al zo aan.
Bram schraapt zijn keel.
'Oké,' zegt hij met een heel hoge stem.
Hij lijkt wel een klein kind.
Iedereen lacht.
'Oké,' probeert hij opnieuw.
Nu klinkt zijn stem als het grommen van een beer.
Weer lachen ze.
'Genoeg nu.'
Brams stem klinkt nu als Brams stem.
De jongens zijn stil en luisteren.
De pony spitst z'n oren.
Zelfs die lijkt op te letten.
'Ik heb iets uit te leggen,' begint Bram.
Alle ogen zijn op hem gericht.
Niemand zegt iets.
Ze zijn reuze benieuwd waar het over gaat.
'Het gaat over Linda's test.'
Bram kijkt de jongens aan.
'De test die Linda moest doen.'
De jongens kijken strak terug.

Bram wordt daar niet zenuwachtig van.

Hij voelt zich alleen maar sterker.

'Die test heeft ze niet zelf gedaan,' zegt hij.

'Die heb ik voor haar gedaan.'

Bram kijkt naar Linda.

Die gebaart dat hij door moet gaan.

'Ik ben er niet trots op.

Dat had ik niet moeten doen.'

'Nee, Linda had het zelf moeten doen,' roept Otto.

'Ja,' vinden ook de anderen.

'Nee,' zegt Bram beslist.

Er valt een plotselinge stilte.

'Linda wil geen test doen.

Ze vindt het belachelijk.

En daar heeft ze gelijk in.'

Uitdagend kijkt Bram in 't rond.

Niemand durft iets te zeggen.

'Ik heb Linda's test gedaan.

Dat deed ik omdat ik haar graag bij de club wilde.'

Bram zwijgt en staart naar zijn voeten.

Zijn hand strijkt over z'n pijnlijke gezicht.

'Ga door,' zegt Linda naast hem.

'Vertel alles.'

'Moet dat?' vraagt hij.

Linda knikt.

'Goed dan,' zegt hij.

'Wat ik heb gedaan is niet goed.

Rinus is een rotzak.

Dat weet iedereen.

Maar nu ben ik zelf ook een schoft.

Ik heb een rotstreek uitgehaald.'

Bram zwijgt.

Hij vindt dat hij genoeg heeft gezegd.

Hier moet Linda het maar mee doen.

Een ogenblik zijn de jongens stil.

Dan begint iedereen door elkaar te praten.

Van schrik begint Willy's pony maar weer te eten.

Joost en Engel zijn het met Bram eens.

De anderen zijn het juist niet met hem eens.

Ze stellen Bram vragen.

Ze willen zo veel weten.

Ze praten allemaal door elkaar heen.

Het is een chaos.

Bram houdt zijn handen op z'n oren.

Hij wil er niets meer over horen.

Joost gaat naar Bram en Linda toe.

Hij slaat z'n arm om Brams schouder.

'Kom, dan gaan we uit de drukte.'

Hij loodst Bram naar de dijk.

Daar is het rustig.

De kano's dobberen kalm op het water.

Linda loopt met hen mee.

'Maar,' vraagt Joost aan Bram.

'Hoe kom je nou aan zo'n blauw oog?'

10. De paardenclub?

Linda is lid van de club.
Er is niemand meer die dat tegenspreekt.
Eigenlijk zijn de anderen een beetje bang voor haar.
Ze weet namelijk wat ze wil.
Kijk maar wat ze met Bram heeft gedaan.
Die heeft ze alles laten bekennen.
Linda doet met bijna alle spelletjes mee.
Ze is rover en vaart in de kano's.
Ze stookt vuur als de beste.
Met verstoppertje wint ze altijd.
Alleen met voetbal doet ze nooit mee.
Daar vindt ze echt niets aan.
Ze wil ook wel eens iets anders doen.
Altijd maar die spelletjes die jongens leuk vinden.
Na een tijdje neemt ze haar vriendin Klara mee.
Ze heeft er lang over nagedacht.
Waarom zou zíj geen beste vriendin mee kunnen
nemen?
'Nog een meisje!' roept Willy meteen uit.
'Het is geen meidenclub.'
Joost neemt een handje pinda's.
Hij kijkt naar Bram en Engel.
Bram haalt z'n schouders op.
Hij is jaloers op Klara.
Linda is zijn vriendin.

Dit is zijn club.

Waarom heeft Linda haar meegenomen?

'Wij hebben ook onze beste vrienden meegenomen.

Waarom Linda dan niet?' vraagt Engel.

Otto en Willy kijken elkaar aan.

Engel heeft gelijk.

Dat zij daar niet aan hebben gedacht.

Binnenkort moeten zij ook maar een vriend vragen.

Klara komt dus bij de club.

Al snel komen er meer meiden.

Het zijn vriendinnen van elkaar of van een van de jongens.

Dat is niet het enige waar Linda over nadenkt.

Ze vindt 'De jongensclub' geen goede naam meer.

Op een middag zegt ze het.

'De naam van de club moet veranderen.

"De jongensclub" is nu een beetje een vreemde naam.'

Alle meiden zeggen: 'Ja, een beetje vreemd.'

'Hoezo, vreemd?' wil Willy weten.

'Het is een prima naam.'

'Ja, maar niet als je een meisje bent.'

Daar heeft Linda gelijk in.

Bram moet erom lachen.

Willy geeft zich niet gewonnen.

'Hoe zou de club dan moeten heten?'

Hij kijkt Linda uitdagend aan.

Ja, dat weet Linda ook niet.

'Heeft iemand een idee?' vraagt ze.

Er wordt druk overlegd.

Otto's en Willy's gelach klinkt hatelijk.

Ze vinden de meiden maar stom.

Dan zegt Klara: 'Ja, ik weet een naam.'

Gespannen kijken de jongens haar aan.

Ze schudt haar haar naar achteren.

'Ik vind "De paardenclub" wel goed.'

Bram kijkt geschrokken naar Linda.

Zou zij het een goede naam vinden?

De meiden vinden Klara's naam goed.

Ze knikken bijna allemaal.

'Ja, ho effe,' zegt Joost.

'Dit gaat te ver.

Veel te ver.'

De andere jongens vinden dat ook.

'Dit kan echt niet.'

Dan bemoeit Bram zich ermee.

'We móéten een andere naam hebben.

Dat kan niet anders.

Maar of dat nou "De paardenclub" moet zijn?

Het moet een naam zijn voor allemaal.

Eentje waar iedereen tevreden mee is.'

'En wat moet het dan worden?'

Joost heeft er genoeg van.

Zo schieten ze niet op.

Even zoekt hij naar de juiste woorden.

'Linda wil een nieuwe naam voor de club.

Ze weet er alleen geen.

Nu stelt Klara iets voor.

Die naam is niet goed.

Heb jij een oplossing Bram?'

Nee, die heeft Bram niet.

'Dan moet je je kop houden.

Je stookt alleen maar onrust.

En Linda ook.'

Boze blikken kijken hun kant uit.

Bram en Linda durven niets meer te zeggen.

Dit had Bram nooit van Joost verwacht.

Hij kijkt naar Engel.

Zelfs die is boos.

Een ander meisje laat het er niet bij zitten.

'En toch is "De paardenclub" een goede naam.'

'O ja,' zegt Joost uitdagend.

'Waar zijn de paarden dan?'

'We hebben toch Willy's pony,' zegt het meisje.

'Pony's en paarden zijn niet hetzelfde!' roept Willy.

Daar hebben de meiden geen antwoord op.

Geen van hen heeft een paard.

'Paarden zijn wel lief.'

'Ja, en ze moeten goed verzorgd worden.'

'Ja, m'n oma ook,' zegt Willy.

'We heten "De jongensclub" en daarmee uit.'

'O ja, wie zegt dat?'
Het wordt een vervelende ruzie.

11. De geheime paardenclub

Linda en Bram kijken elkaar aan.
Samen lopen ze weg van de groep.
'Hé daar,' roept Joost hen achterna.
Hij rent naar hen toe.
'Hé, jullie laten ons in de steek.'
Linda kijkt Joost uitdagend aan.
'Nou, en?
Ik heb een beetje genoeg van dat gedoe.
Jullie luisteren helemaal niet naar elkaar.'
Linda is niet bang voor Joost.
Joost wel een beetje voor Linda.
'Maar jullie zijn ermee begonnen,' zegt hij.
'Waarmee?
Met ruzie maken?'
Joost kijkt Bram aan.
Hij wil hulp hebben.
Maar ook Bram heeft er genoeg van.
'Kijk niet zo naar me.
Ik ben het met Linda eens.'
'O, zijn jullie opeens de club van twee?'
Joost vouwt zijn armen voor z'n borst.
Hij doet een stap dichter naar Bram toe.
Snel gaat Linda tussen hen in staan.
'Ja, en wat dan nog,' zegt ze.
Linda's stem klinkt zacht maar streng.

'Nou, Bram is lid van De club van drie.

Dat zijn Engel, hij en ik,' zegt Joost.

'Of ben je dat soms vergeten, Bram?'

Nee, dat is Bram niet vergeten.

Wat moet hij nu?

'Hij is van zo veel clubs lid,' zegt Linda.

'En wat dan nog?

Wat wil je daarmee zeggen?

Al die clubjes van jullie maken me misselijk.

Jongensclub, paardenclub, club van drie.

Voor mijn part heet het De geheime paardenclub.'

Linda is écht boos.

Alleen heeft Joost dat niet door.

Hij kijkt opeens blij verrast.

'Linda, je hebt 't gevonden!' roept hij uit.

'Wat?'

'De naam.'

'Naam, welke naam?'

'Van de club.'

Linda kijkt naar Bram.

'Is hij gek geworden?'

Bram schudt z'n hoofd.

'Nee, alleen maar blij.

Je hebt net een nieuwe clubnaam verzonnen.'

'De geheime paardenclub?'

'Ja.'

'Maar, dat menen jullie toch niet?'

Bram en Joost knikken van wel.

'Het is juist een geweldige naam,' legt Joost uit.

'We hebben de paarden.'

Linda kijkt verschrikt om zich heen.

'Waar dan!'

Ze is als de dood voor die beesten.

Ze zijn veel te groot.

Bram en Joost moeten lachen.

'Nee, niet echt,' zegt Bram.

'Geen echte paarden.

We hebben "paarden" in de naam van de club.

Iedereen die dat wilde, is dan tevreden.'

'Ja en de jongens ook,' vult Joost hem aan.

'Er zit nu ook "geheim" in de naam.

Dat is een woord dat oké is.

Het is dan wel geen jongensclub, maar ...'

'En jij kunt ook tevreden zijn,' zegt Bram.

Linda kijkt hem stomverbaasd aan.

'Ik?

Hoezo?'

'Nou, "geheime paarden",' zegt hij.

Hij trekt daarbij vreemd met z'n wenkbrauwen.

Alsof hij iets bedoelt, iets anders dan hij zegt.

Dat moet Linda toch wel snappen.

Nou, niet dus.

Bram legt het haar maar uit.

'Geheime paarden zijn paarden die geheim zijn.'

53

Linda kijkt naar hem alsof hij van Mars komt.

'Ja, en?'

'Het zijn verborgen paarden,' gaat Bram verder.

'Paarden die er niet zijn.

We hebben geen paarden in de club.

Dat is het geheim.

En dan klopt de naam ook.'

'Want we hebben geen paarden!' roept Linda uit.

'Juist,' zegt Joost.

'Eindelijk.'

Ze lopen terug naar de ruziënde groep.

Joost vraagt om stilte.

Hij róept om stilte.

Ten slotte schréeuwt hij om stilte.

Eindelijk luisteren ze dan naar hem.

Hij vertelt de nieuwe naam.

Iedereen vindt hem perfect.

Hij zegt dan ook aangenomen.

De meiden zijn tevreden.

De jongens ook.

Eigenlijk is iedereen tevreden.

Er wordt weer gespeeld.

Ze steken een nieuw vuur aan.

Alles is voorlopig in orde.

Dan zegt Willy: 'Maar we hebben wel een pony.

Waarom noemen we ons niet de "ponyclub"?'

Er valt een pijnlijke stilte.

Charly's lach

De naam van de club wordt niet "De ponyclub".
Toch hoort Willy's pony er wel bij.
Hij heet Charly.
Volgens Joost is de pony hun goudmijn.
'Hiermee gaan we massa's geld verdienen.'
Ze hebben foto's van Charly gemaakt.
Die hebben ze uitgedeeld en opgehangen.
Iedereen heeft meegeholpen.
Bij de foto's staat wanneer je op Charly kunt rijden.
Er moet wel voor betaald worden.
Niet zo veel, één euro maar.
Kleintjes moeten met mama's of papa's komen.
Opa's of oma's mogen natuurlijk ook.
Baby's zijn ten strengste verboden.

Deze woensdag is de eerste keer.
Charly is er klaar voor.
Hij heeft z'n zadel op en lacht.
'Pony's kunnen niet lachen,' beweert Willy.
Bram vindt van wel.
'Je ziet toch dat hij lacht.'
Willy kijkt goed en kan het niet ontkennen.
Charly lacht echt.
De eerste auto's stoppen bij het landje.
Het wordt nog druk.

Engel is druk in de weer met cd's.
Hij zorgt voor feestelijke muziek.
Linda en Klara hebben slingers opgehangen.
Alles ziet er prachtig uit.
Joost neemt het eerste geld al aan.
Hij stopt het in een schoenendoos.
'We hebben kassa's nodig,' roept hij.
'Zo veel geld mag niet los in een doos.'
De kano's kunnen ze helaas niet gebruiken.
Die zijn niet van hen.
Anders hadden ze nog meer verdiend.
Bram zoekt Linda op.
Samen met Klara helpt ze bij de pony.
Klara houdt Charly vast.
Linda zorgt dat de kinderen niet vallen.
Dan wordt Bram plotseling een beetje somber.
Hij bedenkt dat het bijna vakantie is.
Wat zal hij het hier missen.
Bram loopt naar Linda toe.
Hij gaat naast haar lopen.
'Waar ga jij naartoe met vakantie?' vraagt hij.
'Naar Canada,' zegt ze.
'Zo, dat is ver weg,' zegt Bram verrast.
'Mijn opa en oma wonen in Canada.
Daar ga ik logeren.
Ik ga helemaal alleen met het vliegtuig.'
'Veel plezier!' wenst Bram haar toe.

Naam: *Bram Macadam*
Ik woon met: *mijn moeder, vader en tweelingzusjes*
Dit doe ik het liefst: *vuurtjes maken, laat opblijven,*
spannende boeken lezen, koekjes bakken, computeren
en voetballen. Soms houd ik ook van tekenen
Hier heb ik een hekel aan: *opruimen en afwassen*
Later word ik: *groot*
In de klas zit ik naast: *Jan*

Wil je Linda's avontuur in Canada lezen, lees dan
'De twee Linda's.'

De twee Linda's

STICHTING NEDERLANDSE
KINDERJURY
2006

AVI 6

1e druk 2005

ISBN 90.276.6023.9
NUR 282

© 2005 Tekst: Stef van Dijk
Illustraties: Yolanda Eveleens
Vormgeving: Rob Galema
Uitgeverij Zwijsen B.V. Tilburg

Voor België:
Zwijsen-Infoboek, Meerhout
D/2005/1919/163